上海交通大学科学健身与健康指导丛书

运动与2型糖尿病

运动与2型糖尿病

程蜀琳 总主编
姚武 乐生龙 程蜀琳 主编

上海交通大学
SHANGHAI JIAO TONG UNIVERSITY

上海交通大学出版社

 运动健康工程中心
Exercise Health and Technology Centre

 运动转化医学中心
Exercise Translational Medicine Centre

运动健康工程中心 / 运动转化医学中心

运动与2型糖尿病

上海交通大学体育系运动健康工程中心（Exercise Health and Technology Centre，EHT）成立于2015年1月，现任中心主任为程蜀琳教授。EHT对接国家的"人口健康"战略，从运动促进健康的视角，结合交大的医学、生物、工科和管理学科的优势，采用云技术和大数据概念搭建运动促进健康服务平台，从校园做起，以学带研，逐步服务社会，旨在打造上海乃至全国独有的运动健康工程中心。EHT成立6年来，聚集和培养了大量运动与健康促进领域的优秀科技人才，积极开展国际交流，建立了具有国际先进水平和实际应用价值的"产－学－研"一体化的开放型公共平台与创新基地，已成为全国"运动与健康工程"科学研究与应用转化的典范，拥有一定的国际影响力。

上海交通大学系统生物医学研究院运动转化医学中心（Exercise Translational Medicine Centre，ETM）成立于2018年5月，现任中心主任为程蜀琳教授。成立"运动转化医学中心"是上海交通大学积极响应《"健康中国2030"规划纲要》的重要举措，是"体医融合"防御非传染性慢性疾病的战略需要。ETM联合生物、医学、理化、工程、数学、信息等多学科平台，围绕2型糖尿病、非酒精性脂肪肝、骨质疏松症、肿瘤、高血压等慢性疾病，开展运动能量代谢、运动处方、运动康复等基础与应用转化研究，为"体医融合"防御慢性病提供了转化医学范例和技术平台。目前开展的具体研究方向：运动与药物治疗糖尿病最佳时效性与机制、运动对脂代谢影响的组织特异性、代谢病患者骨理化特性、糖尿病/脂肪肝/骨关节病的精准运动处方等。

如果您想了解运动健康工程中心与运动转化医学中心的详细介绍视频，请扫描二维码

人物介绍

运动与2型糖尿病

光明

青年，20岁，男性，消瘦。

（1型糖尿病患者）

爱国

中年，45岁，男性，肥胖，身高175 cm，腰围105 cm，体脂率28%。

（新诊断的2型糖尿病患者）

博雅

老年，65岁，女性，微胖，身高158 cm，腰围90 cm，体脂率35%。

（并发症2型糖尿病患者）

菁菁

青年，30岁，女性，肥胖。

（妊娠糖尿病患者）

目录

运动与2型糖尿病

什么是糖尿病 /01
2 型糖尿病的症状 /02
2 型糖尿病的诊断标准 /03
2 型糖尿病的防治目标 /04
2 型糖尿病的危险因素 /05
2 型糖尿病防治的错误认识 /06
2 型糖尿病运动疗法过程中药物使用注意事项 /07
2 型糖尿病的运动防治原则 /08

运动疗法适应的糖尿病人群 /09
运动疗法前的准备 /10
运动对 2 型糖尿病患者的作用 /11
2 型糖尿病运动方式的选择 /12
2 型糖尿病运动量的选择 /13
2 型糖尿病运动时机的选择 /14
如何判断自己的运动量 /15
2 型糖尿病运动中和运动后注意事项 /16
2 型糖尿病患者运动中的自我监控 /17

2 型糖尿病防治运动方案一：健步走 /18
2 型糖尿病防治运动方案二：高强度间歇运动 /19
2 型糖尿病防治运动方案三：太极拳 /20
2 型糖尿病防治运动方案四：八段锦 /21
2 型糖尿病防治运动方案五：腹式呼吸、冥想 /22
2 型糖尿病饮食疗法的原则 /23
2 型糖尿病患者的食物选择 /24

关注食物的"质"：升糖指数 /25
关注食物的"量"：手掌法则 /26
1 型糖尿病运动禁忌与注意事项 /27
妊娠糖尿病运动禁忌与注意事项 /28
常见糖尿病并发症的运动建议 /29
运动性低血糖的处理 /30
急性运动损伤的处理 /31

如何使用本读本

　　本读本是"科学健身与健康指导丛书"的十二个模块之一，旨在提供有关运动与糖尿病的健康知识，包括糖尿病防治知识、合理运动控糖及各类运动在糖尿病治疗中的实证运用，以读本的形式让读者能够每日学习并跟随运动，掌握有效控糖的科学方法。丛书还可作为健康教育人员的参考资料。

　　本丛书的卡通形象、主题颜色充分体现了上海交大元素。如果您需要帮助或者对本书有任何疑问和建议，请联系体育系运动健康工程中心 / 系统生物医学研究院运动转化医学中心（EHT@sjtu.edu.cn）。

什么是糖尿病

运动与2型糖尿病

糖尿病是一组由于胰岛素分泌缺陷及（或）其生物学作用障碍引起的以高血糖为特征的代谢性疾病。血中所含葡萄糖称为血糖，主要来自食物。

按病因可将糖尿病分为

1型糖尿病（5%）	2型糖尿病（90%）	妊娠糖尿病（4%）	特殊类型糖尿病（1%）

显著特征是胰岛素分泌显著下降或缺失。需要终生依赖外源性胰岛素。发病年龄通常小于30岁。	显著特征是胰岛素调控葡萄糖代谢能力下降（胰岛素抵抗）伴随胰岛素分泌减少（或相对减少）。常伴有高血压、血脂异常等，与生活方式有关。	妊娠期糖化血红蛋白或血糖达到糖尿病的诊断标准，或虽未达到显性糖尿病的水平，但空腹血糖、1或2小时葡萄糖耐量试验中任何一项达到诊断标准即为妊娠期糖尿病。	病因学相对明确的糖尿病。具体病因包括胰岛β细胞功能遗传性缺陷、胰岛素作用遗传性缺陷、胰腺外分泌疾病、内分泌疾病、药物或化学品、感染、遗传等。

月	1日
1	
2	
3	
4	
5	
6	
7	
8	
9	
10	
11	
12	

参考文献：
中华医学会糖尿病学分会．中国2型糖尿病防治指南（2020年版）[J]．中华糖尿病杂志,2021,13(04):315-409.
World Health Organization. Definition, Diagnosis and Classification of Diabetes Mellitus and its Complications. Part I: Diagnosis and Classification of Diabetes Mellitus. Report of a WHO Consultation[R]. 1999.

专家讲解视频
请扫二维码观看

2 型糖尿病的症状

2 型糖尿病患者早期通常没有明显症状，不同患者的症状也不一定相同，一般是通过健康检查确诊的。

主要症状

烦渴多饮、多尿、多食、不明原因体重下降

一般症状

肥胖或消瘦、疲劳、饭后困倦

其他症状

视物模糊、生殖器瘙痒感、舌炎、手指尖或脚趾麻木感、手脚刺痛感、皮肤感染

参考文献：
中华医学会糖尿病学分会. 中国 2 型糖尿病防治指南 (2020 年版)[J]. 中华糖尿病杂志 ,2021,13(04):315-409.
World Health Organization. Definition, Diagnosis and Classification of Diabetes Mellitus and its Complications. Part I: Diagnosis and Classification of Diabetes Mellitus. Report of a WHO Consultation[R]. 1999.
Fauci A. Harrisons Manual of medicine[M], 18th Edition. McGraw-Hill Professional, 2012.

2 型糖尿病的诊断标准

- 目前国际通用的诊断标准和分类是世界卫生组织 (1999 年) 标准。
- 2 型糖尿病的临床诊断是依据静脉血浆葡萄糖而不是毛细血管血糖测定结果来诊断的。
- 空腹血糖、随机血糖或餐后 2 小时血糖是诊断糖尿病的主要依据，没有糖尿病典型临床症状时，必须重复检测以确认诊断。
- 2011 年世界卫生组织建议在条件具备的国家和地区增加糖化血红蛋白（HbA1c）的检测来诊断糖尿病。

测试项目	测试条件	正常血糖	空腹葡萄糖受损	糖耐量减低	糖尿病
空腹血糖	取空腹静脉血（至少禁食 8 小时，可以饮水）	< 6.1	6.1 ~ 7.0	<7.0	≥ 7.0
餐后 2 小时血糖	指从第一口饭吃下去开始，过两小时测得的血糖值。可以测早、中、晚餐后的血糖	<7.8	<7.8	7.8 ~ 11.1	≥ 11.1
口服葡萄糖耐量试验	取空腹血标本后，饮用含有 75 g 葡萄糖粉的液体 2 小时后采血标本测定血浆葡萄糖。测试前至少禁食 8 小时，其间可以饮水				≥ 11.1
糖化血红蛋白	测试时间（饭前饭后）无关紧要				≥ 6.5%

注：空腹血糖受损和糖耐量减低统称为糖调节受损，也称糖尿病前期；空腹血糖正常参考范围下限通常为 3.9 mmol/L。

参考文献：
中华医学会糖尿病学分会 . 中国 2 型糖尿病防治指南 (2020 年版)[J]. 中华糖尿病杂志 ,2021,13(04):315-409.
World Health Organization. Definition, Diagnosis and Classification of Diabetes Mellitus and its Complications. Part I: Diagnosis and Classification of Diabetes Mellitus. Report of a WHO Consultation[R]. 1999.
World Health Organization. Use of Glycated Haemoglobin (HbA1c) in the Diagnosis of Diabetes Mellitus[R]. 2011.

2 型糖尿病的防治目标

总目标　改善糖耐量，降低糖尿病前期发展为糖尿病的风险；减少糖尿病患者慢性并发症的发生；减少糖尿病人群的总体死亡率，提高生存质量；控制心血管危险因素。

血糖控制的点、线、面

- 血糖
- 观察血糖在一天内的波动变化
- 糖化血红蛋白

血浆葡萄糖水平

	空腹血糖 (mmol/L)	餐后 2 小时血糖 (mmol/L)	糖化血红蛋白 (%)
差	>7.0	>10.0	>7.5
良好	6.0~7.0	8.0~10.0	6.5~7.5
理想	4.4~6.1	4.4~8.0	<6.5

不能低于 4 mmol/L

注：
图中血糖控制的理想水平主要是针对 60 岁以下的人群；
60 岁以上人群，年龄每增加 10 岁，空腹和餐后 2 小时血糖控制目标应上调 1 ~ 2 mmol/L。

参考文献：
中华医学会糖尿病学分会. 中国 2 型糖尿病防治指南 (2020 年版)[J]. 中华糖尿病杂志,2021,13(04):315-409.

运动与2型糖尿病　　月　4 日

专家讲解视频
请扫二维码观看

2型糖尿病的危险因素

2型糖尿病的发生风险高低主要取决于危险因素的数目和危险度。有些因素不可以改变（蓝色的箭头），有些因素可以改变（红色的箭头）。

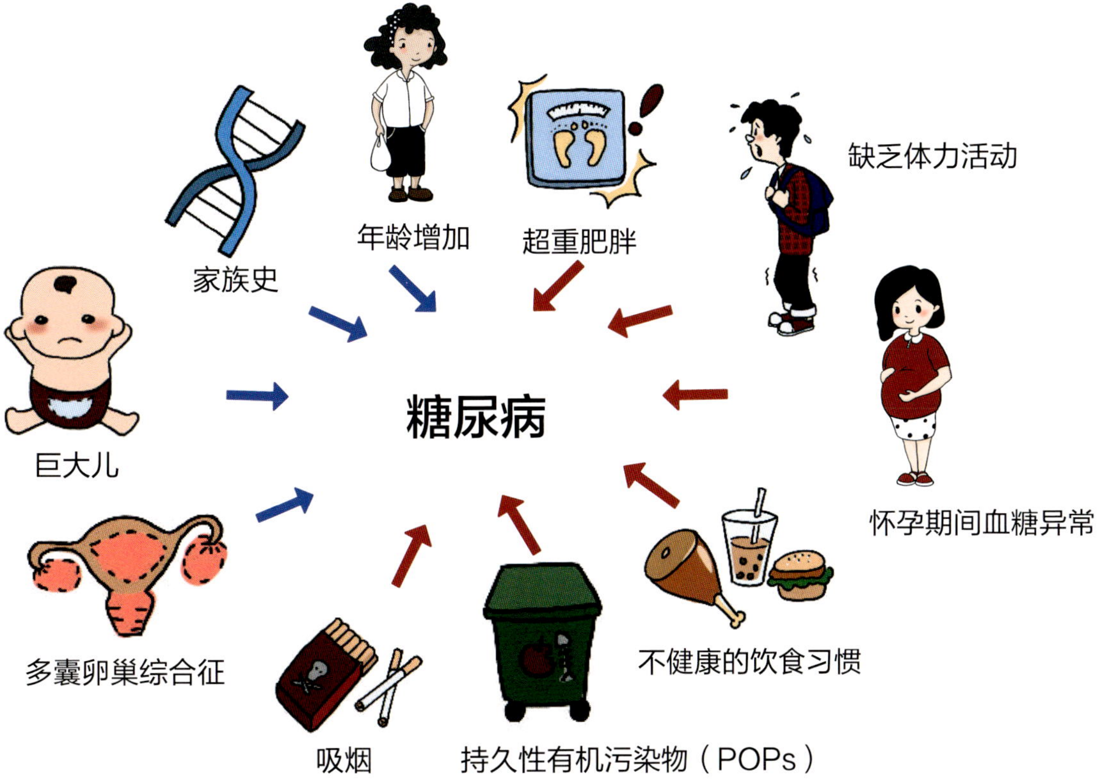

不可改变因素（蓝色箭头）：巨大儿、家族史、年龄增加

可改变因素（红色箭头）：超重肥胖、缺乏体力活动、怀孕期间血糖异常、不健康的饮食习惯、持久性有机污染物（POPs）、吸烟、多囊卵巢综合征

运动与2型糖尿病

月	5日
1	
2	
3	
4	
5	
6	
7	
8	
9	
10	
11	
12	

参考文献：
中华医学会糖尿病学分会.中国2型糖尿病防治指南(2020年版)[J].中华糖尿病杂志,2021,13(04):315-409.
American Diabetes Association. Standards of medical care in diabetes—2021[J]. Diabetes Care, 2015, 44(Supplement 1):S7-222.

专家讲解视频请扫二维码观看

2 型糖尿病防治的错误认识

运动与2型糖尿病

 吃了降糖药，就可以不控制饮食

- 饮食控制是必需的，是基础。
- 不控制饮食，血糖不可能控制好。
- 吃太多东西，加速糖尿病进程。

 没有"三多一少"，就没有糖尿病

- 很多糖尿病患者都没有症状。
- 糖尿病诊断是根据血糖结果。
- 并发症可导致残疾甚至死亡，严重影响生活质量。

 擅自模仿其他糖尿病患者用药

- 每种降糖药物的作用机制不一样，选择什么样的药物，除依据不同病因，还要根据患者的年龄，体重，肾脏、肝脏、心血管状况及胰岛功能等因素由医生决定。

 糖尿病不能根治，放弃治疗

- "不能根治"并不等同于"不能获得良好控制"；"终生治疗"并不等同于"终生用药"；坚持良好生活方式，有些 2 型糖尿病患者是可以摆脱药物的。

月	6 日
1	
2	
3	
4	
5	
6	
7	
8	
9	
10	
11	
12	

参考文献：
中华医学会糖尿病学分会. 中国 2 型糖尿病防治指南 (2020 年版)[J]. 中华糖尿病杂志 ,2021,13(04):315-409.

专家讲解视频请扫二维码观看

2型糖尿病运动疗法过程中药物使用注意事项

- 适量运动可以阻止糖耐量减低向2型糖尿病发展。科学使用药物加运动，事半功倍。
- 糖尿病药物有很多种，作用和性质各不相同。任何关于药物的问题都要直接询问医生。长期使用胰岛素治疗的患者，需先在医院治疗，然后可以在健康中心进行随访。
- 如果你去看其他医生，一定要告诉他们你正在使用的治疗糖尿病的药物情况。
- 当出现低血糖时，要充分知道你应该做什么。
- 药物治疗必须辅以健康饮食、按时吃饭，戒烟、限酒。
- 保持有规律的身体活动，严格按照专科医生的建议用药。

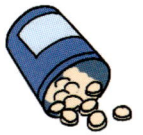  

参考文献：
American Diabetes Association. Standards of medical care in diabetes—2021[J]. Diabetes Care，2015, 44(Supplement 1):S7-222.
International Diabetes Federation. Global guideline for type 2 diabetes[M]. Brussels: IDF Clinical Guidelines Task Force, 2012.

专家讲解视频请扫二维码观看

2 型糖尿病的运动防治原则

提示

2 型糖尿病患者如果存在任何不宜运动的因素,就需要评估运动风险,并知晓潜在危险。

 • 安全第一

 • 因人而异

 • 适时调节

 • 持之以恒

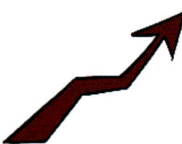 • 循序渐进

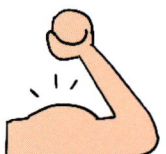 • 量力而行

运动疗法适应的糖尿病人群

适应人群

- 稳定期的 1 型糖尿病
- 病情控制稳定的 2 型糖尿病
- 病情控制稳定的妊娠糖尿病

暂时不宜人群

- 合并各种急性感染
- 伴有心功能不全、心律失常，并且活动后加重
- 严重糖尿病肾病
- 糖尿病足
- 严重的眼底病变
- 新近发生的血栓
- 有明显酮症或酮症酸中毒

运动疗法前的准备

运动与2型糖尿病

全面体检

咨询医生或专业的运动指导师，了解自身是否适合运动以及应该注意的问题。

血糖的监控

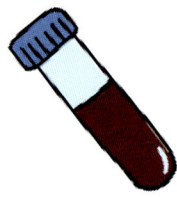

<3.9 mmol/L 时应加餐

高危人群运动应激试验（ECG）

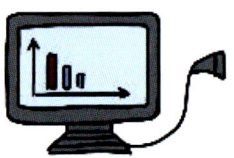

运动装备

低血糖紧急食品

联系卡

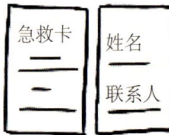

月	10 日
1	
2	
3	
4	
5	
6	
7	
8	
9	
10	
11	
12	

专家讲解视频请扫二维码观看

运动对 2 型糖尿病患者的作用

- 增加糖的利用,帮助更好地控制血糖
- 改善中心性肥胖、血脂、血压等症状,降低心血管疾病风险
- 增加肌肉力量,改善身体平衡能力
- 改善心理状况,提升幸福感,改善生活质量
- 提升免疫力,增强对疾病的抵抗力

 ↑ 糖原合成

 ↑ 葡萄糖运输

 ↑ 胰岛素敏感性

↓ 胰岛素抵抗

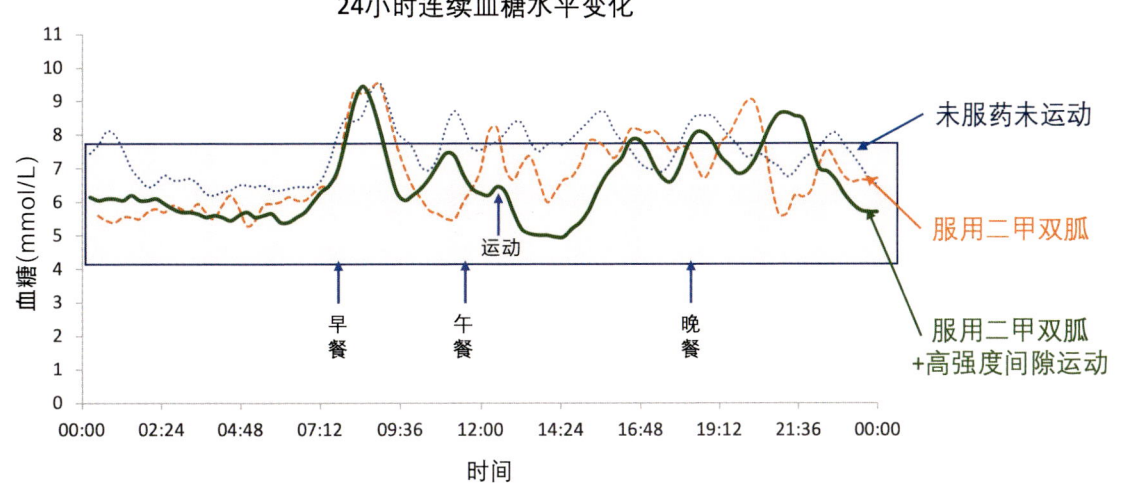

24小时连续血糖水平变化

资料来源:
程蜀琳团队研究结果。

2型糖尿病运动方式的选择

- 无并发症患者

散步　　游泳　　骑行　　　　　哑铃　　举重　　负荷过重

有氧运动为主　　　　　　配合抗阻（增肌）运动

- 有并发症患者

　　无法控制的高血压、严重的周围神经病变、自主神经病变、糖尿病足、增生性糖尿病视网膜病变等并发症的患者，必须首先评估运动风险，应避免进行有运动风险的体育活动，并且应在专业人员指导下进行运动锻炼。

运动项目要与患者的年龄、病情、喜好及身体承受能力相适应，并定期评估，适时调整运动计划。

2 型糖尿病运动量的选择

运动量 ≈ 运动时间 × 运动强度

推荐方案（以一次锻炼为例）

（1）中低强度的有氧训练 30 ~ 50 分钟，加上主要肌群的抗阻训练 10 ~ 15 次 / 组，2 ~ 3 组。

或

（2）高强度间歇训练 20 ~ 30 分钟，配合平衡或拉伸训练 10 分钟。

参考文献：
中华医学会糖尿病学分会. 中国 2 型糖尿病防治指南 (2020 年版)[J]. 中华糖尿病杂志 ,2021,13(04):315–409.
Umpierre D, Ribeiro PA, Schaan BD, et al. Volume of supervised exercise training impacts glycaemic control in patients with type 2 diabetes: a systematic review with meta-regression analysis[J]. Diabetologia, 2013, 56:242–251.
Mendes R, Sousa N, Almeida A, et al. Exercise prescription for patients with type 2 diabetes—a synthesis of international recommendations: narrative review[J]. Br J Sports Med, 2016, 50(22):1379–1381.
Inzucchi SE, Bergenstal RM, Buse, JB, et al. Management of hyperglycemia in type 2 Diabetes[J]. Diabetes Care, 2015, 38(1):140–149.
Huang T, Lu C, Schumann M, et al. Timing of Exercise Affects Glycemic Control in Type 2 Diabetes Patients Treated with Metformin[J]. J Diabetes Res, 2018, 2018:2483273.

2型糖尿病运动时机的选择

要想达到良好的控糖效果,应当注意膳食、药物使用与运动时机的合理搭配。

研究表明

- 运动与单纯服药相比,用餐服药后30、60和90分钟进行30分钟的间歇有氧运动,均能不同程度降低血糖水平。
- 三个运动时间点相比,用餐服药后30分钟运动可显著抑制血糖过度升高,而用餐服药后90分钟进行运动,患者血糖波动幅度大,个别患者甚至出现低血糖。
- 用餐服药后30~60分钟期间运动,可有效降低血糖,同时预防血糖波动太大和出现低血糖。

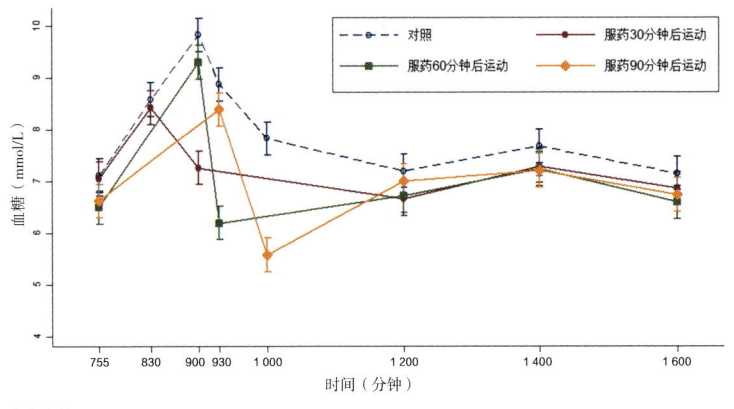

运动时间点的选择对于2型糖尿病患者血糖控制非常重要。

参考文献:
Huang T, Lu C, Schumann M, et al. Timing of Exercise Affects Glycemic Control in Type 2 Diabetes Patients Treated with Metformin[J]. J Diabetes Res, 2018, 2018:2483273.

如何判断自己的运动量

运动强度	谈话试验	自我感觉	心率（50岁）次/分	代谢当量梅托（METs）
低强度	能说、能唱	轻松	<110	<3
中等强度	能说、不能唱	稍累－累	130～140	3～6
高强度	不能说、不能唱	很累－非常累	>140	>6

有益健康的运动能量消耗最低目标值

	每周3次	每周4次
1次运动	300卡路里	200卡路里
周运动	900卡路里	800卡路里
相当于每天健步走6 000步		

注："健步走"不等于一般的散步，动作要领请扫"18日"二维码查看

运动与2型糖尿病

月 15日
1
2
3
4
5
6
7
8
9
10
11
12

参考文献：
中华医学会糖尿病学分会. 中国2型糖尿病防治指南(2020年版)[J]. 中华糖尿病杂志, 2021,13(04):315-409.
Mendes R, Sousa N,Almeida A,et al. Exercise prescription for patients with type 2 diabetes—a synthesis of international recommendations: narrative review[J]. Br J Sports Med, 2016, 50(22):1379-1381.
Inzucchi SE, Bergenstal RM,Buse JB,et al. Management of hyperglycemia in type 2 Diabetes[J]. Diabetes Care,2015, 38(1):140-149.

2型糖尿病运动中和运动后注意事项

运动与2型糖尿病

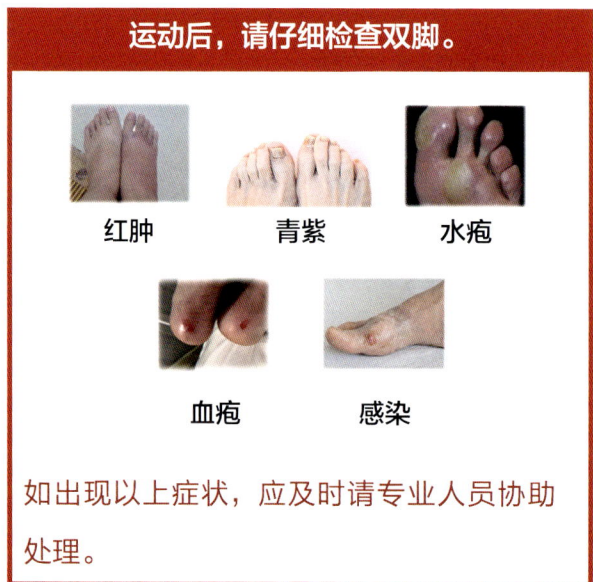

运动中，出现下面情况要警觉！

- 乏力
- 头晕
- 心慌、胸闷、憋气
- 出虚汗
- 关节疼痛

如出现以上症状，应立即停止运动，原地休息。若休息后仍不能缓解，应及时到附近医院就诊。

运动后，请仔细检查双脚。

- 红肿
- 青紫
- 水疱
- 血疱
- 感染

如出现以上症状，应及时请专业人员协助处理。

- 运动过程中需及时补水。
- 有条件者，应在运动前和运动后各测一次血糖，掌握运动强度与血糖变化的规律，防止发生低血糖。
- 中等负荷的运动后，血糖下降可持续十几个小时；剧烈运动后，这一过程甚至可能持续24小时。因此，必须重视运动后2型糖尿病患者迟发的低血糖危险。

参考文献：
中华医学会糖尿病学分会. 中国2型糖尿病防治指南(2020年版)[J]. 中华糖尿病杂志,2021,13(04):315-409.
American Diabetes Association. Standards of medical care in diabetes—2021[J]. Diabetes Care,2015, 44(Supplement 1):S7-222.

2 型糖尿病患者运动中的自我监控

2 型糖尿病患者运动中监控可通过运动日记和生理指标监控。

运动日记主要内容

- 每天或每周的运动次数、运动方式、运动持续时间和达到目标心率的持续时间。
- 运动中的感觉（舒适 / 乏力 / 任何不适情况）。
- 每次运动前后饮食状况和用药情况等。

生理指标监测内容

- 血糖：运动前后血糖水平。
- 心血管疾病风险：血压、心率、运动中有无不适症状。

自我监控应注意

- 有规律地饮食。
- 正确使用药物。
- 选择适当的运动时机。

锻炼日记

日期	用餐间隔时间（前、后）	运动方式	靶心运动心率	持续时间	身体反应

生理指标

体重（千克）	心率（次/分）	血压（mmHg）	运动前血糖	运动后血糖	用药情况	用餐情况

参考文献：
中华医学会糖尿病学分会．中国 2 型糖尿病防治指南 (2020 年版)[J]．中华糖尿病杂志，2021,13(04):315-409.
American Diabetes Association. Standards of medical care in diabetes—2021[J]. Diabetes Care，2015, 44(Supplement 1):S7-222.

2型糖尿病防治运动方案一：健步走

- 健步走是一项讲究速度、时间、姿势的运动项目，不受年龄、时间、场地限制，运动装备也很简单。
- 研究表明：长期进行有氧训练可有效控制血糖和改善胰岛素的敏感性。

运动与2型糖尿病

建议方案：

- 餐后30～60分钟。
- 运动前进行5分钟热身活动，运动后做10分钟放松、拉伸运动。
- 健步走以每分钟120～140步的配速，或最大心率（220-年龄）的60%～70%，走20～30分钟。
- 每周进行3～5次。
- 注意：在自然行走基础上，手臂以肩关节为轴自然摆动；脚跟先着地，过渡到脚掌；躯干挺直，微抬头，挺胸收腹；随步伐加快，上下肢协调配合，均匀呼吸。

月	18日
1	
2	
3	
4	
5	
6	
7	
8	
9	
10	
11	
12	

建议方案来自程蜀琳研究成果
参考文献：
中华医学会糖尿病学分会．中国2型糖尿病防治指南(2020年版)[J]．中华糖尿病杂志,2021,13(04):315-409．
中华医学会糖尿病学分会．中国糖尿病运动指南[M]．北京：中华医学电子音像出版社,2012．

如何练习视频请扫二维码观看

2型糖尿病防治运动方案二：高强度间歇运动

- 高强度间歇运动是一种高低强度交替进行的运动，即多次持续几秒至几分钟的短时高强度与几秒至几分钟低强度或休息交替组成的运动。
- 研究表明：高强度间歇运动能够有效降低血糖水平，改善脂代谢，减少降糖药物使用。

建议方案

- 餐后30～60分钟，或固定时间（若超过餐后2小时以上，运动前半小时可适量补充一点碳水化合物）。
- 运动前进行5～10分钟热身活动，运动后做10～15分钟放松、拉伸运动。
- 以功率自行车或划船器为例：在充分热身后，进行1分钟的80%～90%最大负荷的高强度练习，再进行3分钟30%～40%最大负荷的低强度调整，交替、循环进行20分钟。
- 每周进行3次。
- 注意：两次练习至少间隔48小时；强度是关键，要控制好运动强度。

建议方案来自程蜀琳团队研究成果

参考文献：
Laursen P B, Jenkins D G. The Scientific Basis for High-Intensity Interval Training[J]. Sports Medicine，2002, 32(1):53-73.
Alvarez C, Ramirez-Campillo R,Martinez-Salazar, et al. Low-volume high-intensity interval training as a therapy for type 2 diabetes[J]. Int J Sports Med，2016, 37(09):723-729.
Huang T, Lu C,Schumann M,et al. Timing of Exercise Affects Glycemic Control in Type 2 Diabetes Patients Treated with Metformin[J]. J Diabetes Res，2018, 2018:2483273.

如何练习视频请扫二维码观看

2 型糖尿病防治运动方案三：太极拳

- 太极拳属于中低强度的有氧锻炼，但同时具有抗阻运动的特征。太极拳动作柔和，速度较慢，架势有高有低，练习者可根据感觉自行调节运动节奏和练习时长。
- 研究表明：太极拳可有效提高胰岛素敏感性，促进骨骼肌摄取和利用血液中的葡萄糖，改善脂代谢，调节脂蛋白合成。

建议方案

- 餐后 30～60 分钟，或固定时间（若超过餐后 2 小时以上，运动前半小时可适量补充一点碳水化合物）。
- 运动前进行 5 分钟热身活动，运动后做 5 分钟放松或调整呼吸练习。
- 选择一套适合自己的太极拳，如杨氏太极拳。连续完成 2 遍，中间间隔 5 分钟。如时间或身体情况不允许，可在一天中安排 1～2 次练习，每次练习 20～30 分钟。
- 每周进行 3～5 次。
- 注意：根据自己的体能状况选择不同架势的动作来完成；以自然呼吸为主，保持呼吸平稳。运动时注意膝关节的保护，勿屈膝过度。

太极拳

建议方案来自程蜀琳团队研究成果

参考文献：
中华医学会糖尿病学分会. 中国 2 型糖尿病防治指南 (2020 年版)[J]. 中华糖尿病杂志, 2021,13(04):315-409.
中华医学会糖尿病学分会. 中国糖尿病运动指南 [M]. 北京：中华医学电子音像出版社, 2012.

如何练习视频请扫二维码观看 ➡

2型糖尿病防治运动方案四：八段锦

- 八段锦为传统养生功法，由八节不同的动作组成。
- 研究表明：八段锦可调节脂蛋白的平衡，其中"两手托天理三焦，两手攀足固肾腰"通过增强神经系统的调节功能及各脏腑组织的生理功能，起到防治高脂血症，改善血糖、身体成分与肌肉力量的作用。

建议方案

- 餐后30～60分钟，或固定时间（若超过餐后2小时以上，运动前半小时可适量补充一点碳水化合物）。
- 运动前进行5分钟热身活动，运动后做5分钟放松或调整呼吸练习。
- 连续打2套，中间间隔5分钟。也可将整套功法拆开，从中选择适合自己的动作来练习。如时间或身体情况不允许，可在一天中安排1～2次练习，每次练习15～30分钟。
- 每周进行3～5次。
- 注意：动作与呼吸的配合。

办公室八段锦

建议方案来自程蜀琳团队研究结果
参考文献：
中华医学会糖尿病学分会. 中国糖尿病运动治疗指南[M]. 北京：中华医学电子音像出版社，2012.
王耀光，刘连军，寇正杰，等. 健身气功八段锦辅助治疗糖尿病疗效观察[J]. 中国运动医学，2007, 26(2):2008-2010.
国家体育总局健身气功管理中心. 健身气功·八段锦[M]. 北京：外文出版社，2009.
牛鹏. 八段锦对2型糖尿病患者血糖控制效果的影响[J]. 中华护理杂志，2012, 47(08):701-703.

运动与2型糖尿病

月 21日

如何练习视频请扫二维码观看

2型糖尿病防治运动方案五：腹式呼吸、冥想

- 冥想是运用心理暗示来放松人的身体、心灵、精神，使人进入安宁、祥和的愉悦状态，从而释放压力与紧张，缓解各种疼痛，增强人体免疫力。
- 美国糖尿病协会（ADA）指出情绪压力会导致血糖激增。
- 研究表明：冥想对舒缓2型糖尿病患者的紧张、忧虑、焦躁不安等情绪有很大帮助。

建议方案

- 有固定的时间，可在早、晚饭前练习冥想，不建议在餐后或睡前练习。
- 可以借助呼吸、视觉、语音等进行练习。
- 依据个人情况，每次时间10～20分钟。
- 每天进行1～2次练习。
- 注意：找一个让自己舒服的环境；确保自己在练习过程中不被干扰；练习过程身体保持最舒适的姿态，可以坐着、躺着；微微闭上眼睛，把注意力聚焦在感受上，用鼻子深深地呼吸（可用腹式呼吸）。

运动与2型糖尿病

月	22 日
1	
2	
3	
4	
5	
6	
7	
8	
9	
10	
11	
12	

建议方案来自程蜀琳团队研究成果

参考文献：
中华医学会糖尿病学分会. 中国2型糖尿病防治指南(2020年版)[J]. 中华糖尿病杂志,2021,13(04):315-409.

如何练习视频请扫二维码观看 ➡

2 型糖尿病饮食疗法的原则

《中国糖尿病膳食指南（2017 版）》给出了 9 点建议

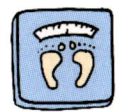
1. 吃动平衡，合理用药，控制血糖，以达到或维持健康体重。

2. 主食定量，粗细搭配，全谷物、杂豆类食物占 1/3。

3. 多吃蔬菜，蔬菜种类、颜色要多样，适量补充水果。

4. 常吃鱼禽，蛋类和畜肉适量，限制加工肉类。

5. 奶类豆类天天有，零食加餐合理选择。

6. 清淡饮食，足量饮水，限制饮酒。

7. 定时定量，细嚼慢咽，注意进餐顺序。

8. 使用科学健康的烹饪方法，控制调料用量。

9. 注重自我管理，定期接受个体化营养指导。

参考文献：
中国营养学会．中国糖尿病膳食指南（2017）[EB/OL]．https://www.cnsoc.org/acadconfn/70172120178.html, 2021.07.20.
中国营养学会．中国居民膳食指南（2016）[M]．北京：人民卫生出版社，2016.

运动与2型糖尿病

月	23 日
1	
2	
3	
4	
5	
6	
7	
8	
9	
10	
11	
12	

2 型糖尿病患者的食物选择

糖尿病饮食中三大营养素（碳水化合物、蛋白质、脂肪）要合理搭配。

三大营养素含量占饮食总热量百分比

名称	比例	来源
碳水化合物	50%~60%	谷类、薯类、豆类
蛋白质	15%~20%	动物性蛋白（各种瘦肉、鱼、虾等）
		植物性蛋白（黄豆及其制品、谷类）
脂肪	≤30%	动物性脂肪来自肉类、鱼肝油、骨髓、蛋黄等
		植物性脂肪如大豆、花生、油菜籽、葵花籽、核桃仁等

建议

- 营养搭配可以根据自身的饮食习惯、偏好和治疗目标进行个体化调整。餐后血糖控制不佳的糖尿病患者，可适当降低碳水化合物的供能比。
- 碳水化合物尽量选择"低升糖指数"的食物，可适当增加非淀粉类蔬菜、水果、全谷类食物，减少精加工谷类的摄入。注意：蔬菜、奶类、水果也提供一些碳水化合物。
- 脂肪选择优质脂肪（如鱼油、部分坚果及种子），尽量不食用人造黄油和奶油、植物酥油、油炸食品等。有些植物性食物脂肪含量也很高，如坚果类，注意控制总含量。
- 有蛋白尿或肾小球滤过率下降的糖尿病患者蛋白质摄入应控制在每日 0.8 g/kg 体重。

参考文献：
中国营养学会．中国糖尿病膳食指南（2017）[EB/OL]．https://www.cnsoc.org/acadconfn/70172120178.html，2021.07.20.
中国营养学会．中国居民膳食指南（2016）[M]．北京：人民卫生出版社，2016.

关注食物的"质"：升糖指数

升糖指数（GI） 全称为"血糖生成指数"，是一种描述某种食物提升血糖速度的指标。根据其对血糖的影响分为：高 GI 食物 (GI>70)、中 GI 食物 (55 ≤ GI ≤ 70)、低 GI 食物 (GI<55)。

不同食物的升糖指数

主食类 100 g	GI	鱼肉类 100 g	GI	水果类 100 g	GI	蔬菜谷物类 100 g	GI	点心类 100 g	GI
● 馒头	88	● 贡丸	70	● 荔枝	79	● 马铃薯	90	● 鲜奶蛋糕	82
● 白米饭	84	● 牛肉	46	● 葡萄	56	● 南瓜	65	● 布丁	52
● 燕麦	55	● 羊肉	45	● 香蕉	55	● 洋葱	30	● 低脂牛奶	26
		● 鸡肉	45	● 苹果	36	● 番茄	30	● 酸奶	25
		● 沙丁鱼	40			● 小黄瓜	23		
						● 海带	17		

● 高 GI 食物（GI > 70）　● 中 GI 食物（55 ≤ GI ≤ 70）　● 低 GI 食物（GI < 55）

注意：食物的软硬程度、烹饪方式、稀稠浓度、颗粒大小，对食物升糖指数都有影响。一般来说加工时间越长，温度越高，水分越多，食物升糖指数越高。

参考文献：
中国营养学会. 中国糖尿病膳食指南（2017）[EB/OL]. https://www.cnsoc.org/acadconfn/70172120178.html, 2021.07.20.
中国营养学会. 中国居民膳食指南（2016）[M]. 北京：人民卫生出版社, 2016.
杨月欣. 食物血糖生成指数——一个关于调节血糖的新概念 [M]. 北京：北京大学医学出版社, 2004.

关注食物的"量":手掌法则

运动与2型糖尿病

月	26 日
1	
2	
3	
4	
5	
6	
7	
8	
9	
10	
11	
12	

糖尿病患者每日主要饮食量可以用"手掌法则"来估算

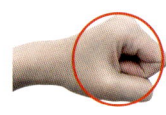
主食量 ≈ 2 个拳头
一个拳头大的米饭大概是 100 克左右。

蛋白质摄入量 ≈ 1 个掌心
每天吃 50 ~ 100 克的蛋白质。

牛奶量 ≈ 2 杯
1 杯牛奶相当于 160 ~ 200 毫升,2 杯为 320 ~ 400 毫升。

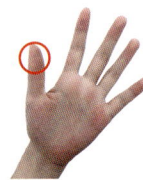
固体油脂 ≈ 1 个拇指尖
每天摄取的固体动物油脂量为拇指第一节大小的一块,植物油25克,相当于白瓷勺两勺半。

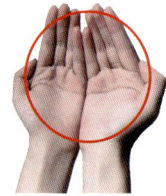
蔬菜量 ≈ 两手捧
两只手能够捧住的蔬菜量相当于 500 克,每天进食 500 ~ 1 000 克蔬菜。

水果量 ≈ 1 个拳头
相当于 200 g 左右。

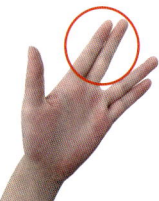
瘦肉量 ≈ 两指并拢量
一块与食指厚度相同、与两指(食指和中指并拢)的长度和宽度相同的瘦肉,相当于 50 克的量。

参考文献:
中国营养学会. 中国糖尿病膳食指南(2017)[EB/OL]. https://www.cnsoc.org/acadconfn/70172120178.html, 2021.07.20.
中国营养学会. 中国居民膳食指南(2016)[M]. 北京:人民卫生出版社,2016.

1型糖尿病运动禁忌与注意事项

1型糖尿病患者如有以下症状不宜运动或禁止运动

- 运动前血酮体浓度 ≥ 1.5 mmol/L 或尿酮体水平 ≥ 4.0 mmol/L，则需要调节胰岛素用量。血酮体浓度 ≥ 3.0 mmol/L 应立即由专业医护人员处理。
- 24小时内曾发生严重低血糖应禁止运动，等病情控制稳定后方可逐步恢复运动。
- 伴有不稳定的增殖性视网膜病变、严重自主神经功能障碍或肾衰竭的患者，不能进行剧烈运动、大强度抗阻运动及竞争性耐力项目。

1型糖尿病患者运动注意事项

- 运动前应测量血糖，并备有血糖监测设备和防止低血糖的零食。
- 改变运动项目或运动量时，应增加血糖的监测的次数。
- 1型糖尿病患者运动后易在夜间出现低血糖，需关注迟发性低血糖。

参考文献：
中华医学会糖尿病学分会. 中国2型糖尿病防治指南(2020年版)[J]. 中华糖尿病杂志, 2021,13(04):315-409.
中国1型糖尿病诊治指南制定委员会. 中国1型糖尿病诊治指南[M]. 北京：人民卫生出版社，2013.
迪内希·纳吉（Dinesh Nagi）. 糖尿病运动指南（第二版）[M]. 李文慧，李乃适，等. 译. 北京：化学工业出版社医学出版分社，2009.

妊娠糖尿病运动禁忌与注意事项

血糖控制不理想不仅会影响孕妇的身体健康，也会危及胎儿健康，增加母婴不良妊娠结局的发生率。没有高危风险的妊娠糖尿病患者适当运动，可以有效地控制过快增长的体重，增加胰岛素敏感性。

妊娠糖尿病患者如有以下症状不宜运动或禁止运动

- 有先兆流产、早产史、多胎、羊水过多、前置胎盘、严重并发症者不宜运动。
- 有阴道出血、晕厥、胎儿活动减少、全身水肿、腰痛等症状者，应立即停止运动并及时就医。

妊娠糖尿病患者运动注意事项

- 不同孕期的运动要因时而宜、量力而行。孕前期，不宜多动；孕中期，以中、小运动量为宜，可进行步行、上肢运动等不引起胎儿痛苦或子宫收缩的运动，运动时间以 20～30 分钟为宜，不宜过长。孕后期，以小运动量为宜，并且注意监测胎心率和宫缩情况。

参考文献：
中华医学会糖尿病学分会. 中国 2 型糖尿病防治指南 (2020 年版)[J]. 中华糖尿病杂志，2021,13(04):315-409.
乌湘红. 妊娠期糖尿病孕妇糖代谢异常的临床分析及妊娠期糖尿病治疗护理 [J]. 临床医学研究与实践，2016, 1(27):134-135.
赵霞，马丁. 妇产科学 [M]. 北京：高等教育出版社，2018.

常见糖尿病并发症的运动建议

- **心血管疾病**：运动强度取决于病情。参加运动前，最好请医护人员评估心血管危险因素；推荐采用低强度的有氧运动，如步行、太极拳和八段锦等。

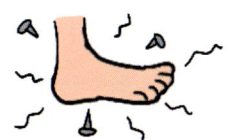

- **周围神经病变**：在无急性溃疡时，可以参加中等强度的有氧运动加小负荷的抗阻运动；日常加强足部护理和观察，从而预防及尽早发现足部疮和溃疡。

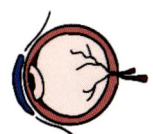

- **视网膜病变**：应避免会明显增加眼内压及出血风险（如憋气或头部位置低于心脏等）的运动。

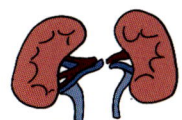

- **肾病**：有微量蛋白尿出现时，可以适当做一些小强度的有氧运动，如散步和简单家务劳动，禁止剧烈运动。

参考文献：
中华医学会糖尿病学分会. 中国糖尿病运动治疗指南[M]. 北京：中华医学电子音像出版社，2012.
Colberg SR, Sigal RJ, Fernhall B, et al. Exercise and type 2 diabetes: the American College of Sports Medicine and the American Diabetes Association: joint position statement[J]. Diabetes Care. 2010, 33(12):e147–e167.

运动性低血糖的处理

- **现场处理：** 运动中低血糖和迟发性低血糖，均应立即进食含 10～15 克碳水化合物的食物。如果 15 分钟后血糖仍低于 3.9 mmol/L，则应再给予同样碳水化合物含量的食物。进食后低血糖未得到有效缓解的情况下，应送医疗机构抢救。

- **预防措施：** 关注饮食、服药和运动的时间点。药物和运动二者需"错峰"来规避运动联合药物治疗过程中可能出现的乳酸堆积、低血糖等风险。对持续时间较长的运动，可以在运动过程中摄入缓慢吸收的碳水化合物，从而防止低血糖的发生。

低血糖症状

心慌

焦虑

冷汗

发抖

饥饿

情绪不稳

头痛

参考文献：
中华医学会糖尿病学分会. 中国 2 型糖尿病防治指南 (2020 年版)[J]. 中华糖尿病杂志 ,2021,13(04):315-409.

急性运动损伤的处理

急性运动损伤

- **现场处理：** 肌肉拉伤、关节扭伤时，应立即停止运动，冷敷，加压包扎或抬高肢体；发生骨折时，应先进行固定，再送医院。
- **预防措施：** 运动前做好热身运动，降低肌肉拉伤及关节扭伤的发生风险。避免运动量过大、过猛的剧烈活动。

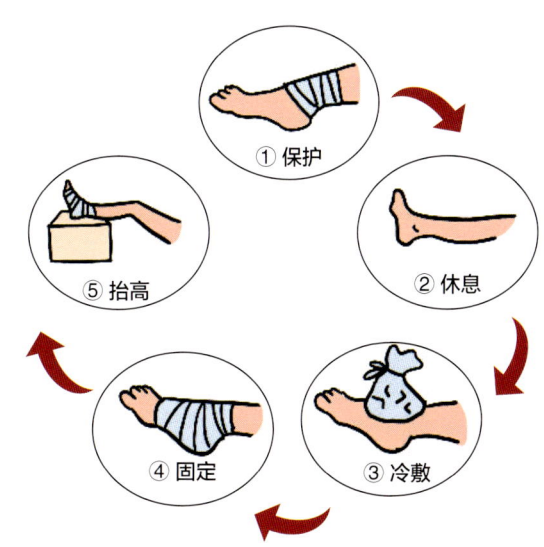

肌肉痉挛（抽筋）

- **现场处理：** 对于突发的肌肉痉挛，要立刻休息，对抽筋的部位进行按摩，减轻肌肉抽筋时的疼痛，必要时可以喷药水或贴止疼膏药。
- **预防措施：** 运动前做好热身运动，大量出汗后适当补充含镁、钾、钠的饮料。糖尿病引起的抽筋症状由多方面的原因造成，若经常出现，建议去医院检查，以防止发生并发症。

参考文献：
中华医学会糖尿病学分会. 中国2型糖尿病防治指南(2020年版)[J]. 中华糖尿病杂志，2021,13(04):315-409.
徐金成，矫玮，高颀，等. 急性闭合性软组织运动损伤早期处理方法的发展——从PRICE到POLICE[J]. 中国运动医学杂志，2013,32(04):360-363.

"科学健身与健康指导系列丛书"的编制是在上海交通大学体育系、系统生物医学研究院、转化医学国家重大科技基础设施（上海）闵行基地、设计学院和校工会等多个部门的关心和支持下完成的。

该项工作由程蜀琳教授领衔的运动健康工程中心／运动转化医学中心发起、策划并组织实施。相关内容主要基于程蜀琳教授团队多年的科研成果。《运动与2型糖尿病》是"科学健身与健康系列丛书"的第二册。总主编　程蜀琳；本册主编　姚武、乐生龙、程蜀琳；参编人员　王秀强、李思敏（澳门大学）、卢春燕（四川大学华西医院）、田景琰（上海交通大学医学院附属瑞金医院）。感谢顾剑平、宋顺和张紫伊的辅助工作。书中所有图片均由上海交通大学体育系运动健康工程中心和系统生物医学研究院运动转化医学中心提供。示意图和视频由设计学院韩挺及其团队主持设计和制作。

上海交通大学体育系运动健康工程中心／系统生物医学研究院运动转化医学中心保留所有解释权及版权。

- 运动与体重管理
- 运动与慢阻肺
- 运动与膳食营养
- ● 运动与2型糖尿病
- 运动与癌症
- 运动损伤
- 运动与高血压
- 运动与跌倒
- 女性的运动
- 运动与骨质疏松症
- 运动与精神卫生
- 儿童的运动

图书在版编目（CIP）数据

运动与2型糖尿病／姚武，乐生龙，程蜀琳主编. —上海：上海交通大学出版社，2022.5
ISBN 978-7-313-26086-4

Ⅰ.①运… Ⅱ.①姚…②乐…③程… Ⅲ.①体育运动–关系–糖尿病　Ⅳ.①G8 ②R587.1

中国版本图书馆CIP数据核字（2021）第257551号

运动与2型糖尿病
YUNDONG YU 2 XING TANGNIAOBING

主　　编：	姚　武　乐生龙　程蜀琳			
出版发行：	上海交通大学出版社	地　　址：	上海市番禺路951号
邮政编码：	200030	电　　话：	021-64071208
印　　制：	上海万卷印刷股份有限公司	经　　销：	全国新华书店
开　　本：	787mm×1092mm　1/16	印　　张：	2.5
字　　数：	11千字		
版　　次：	2022年5月第1版	印　　次：	2022年5月第1次印刷
书　　号：	ISBN 978-7-313-26086-4	电子书号：	ISBN 978-7-89424-288-4
定　　价：	38.00元		

版权所有　侵权必究
告读者：如发现本书有印装质量问题请与印刷厂质量科联系
联系电话：021-56928178